Joseph Auer

**M. Andreas Raselius Ambergensis, sein Leben und seine Werke**

Joseph Auer

**M. Andreas Raselius Ambergensis, sein Leben und seine Werke**

ISBN/EAN: 9783743618411

Hergestellt in Europa, USA, Kanada, Australien, Japan

Cover: Foto ©ninafisch / pixelio.de

Manufactured and distributed by brebook publishing software
(www.brebook.com)

Joseph Auer

**M. Andreas Raselius Ambergensis, sein Leben und seine Werke**

# M. Andreas Raselius Ambergensis,

## sein Leben und seine Werke.

### Eine Studie

von

### J. Auer,

Professor des K. Studienseminars in Amberg

Beilage zu den Monatsheften für Musikgeschichte

Leipzig,
Breitkopf & Härtel
1892

# Vorrede.

Der Mann, dessen Leben und Werke in den folgenden Blättern geschildert werden sollen, gehört nicht zu den weltgeschichtlich bedeutenden Persönlichkeiten; seine Wirksamkeit umfasste nicht besonders weite Kreise, sondern beschränkte sich in ansprechender Bescheidenheit zum größten Teile auf die Orte seines jeweiligen Aufenthaltes und doch erfüllte seine Leistungen jeden, der sie einer aufmerksamen Beobachtung unterwählt, mit Hochachtung und Verehrung, und je länger er sich in den Anblick derselben vertieft, um so lebhafter muss er bedauern, dass so Manch von solcher Tüchtigkeit selbst bei seinen Landsleuten so wenig bekannt, beinahe vergessen ist.

Zwar finden wir seinen Namen in mehreren, zunächst in musikalischen Encyklopädien, allein das was hier geboten ist, vermag uns von seinem Gesamtwirken ebenso wenig eine genügende Vorstellung zu geben als die kurzen Bemerkungen, die uns gelegentlich der Besprechung des einen oder andern seiner Werke in Büchern und Zeitschriften vereinzelt begegnen. Sogar die eingehenderen Ausführungen, welche Dr *Dominikus Mettenleiter*, der verdienstvolle Herausgeber einer Musikgeschichte der Stadt Regensburg und der Oberpfalz, in den beiden Werken über *Renaissance* bringt, und nach seinem eigenen Geständnisse nur alten Nachweis.

Nun bei der Verfasser vorliegender Schrift bereits seit mehreren Jahren sich bemüht, durch sorgfältiges Studium aller einschlägigen Quellen jene Lücken so viel als irgend thunlich zu ergänzen, um auf diese Weise ein möglichst getreues und vollständiges Bild von dem Leben und der Thätigkeit des genannten Meisters zu gewinnen. Er

fand bei diesen Bemühungen nach allenthalben die bereitwilligste
Unterstützung, wofür er seinen tiefgefühlten Dank hiemit auch öffent-
lich in pflichtschuldigster Weise zum Ausdrucke bringt.

Freilich wird die Arbeit in mehrfacher Hinsicht noch zu wünschen übrig lassen: der Verfasser kann sich aber mit gutem Gewissen
das Zeugnis geben, dass er alles, was an Nachrichten über Roschius
überhaupt aufzubringen war, hier mit redlichem Fleisse verarbeitet
hat — und darum vertraut er der Güte seiner Leser, dass sie jene
Mängel freundlich entschuldigen werden.

Amberg, 18 Februar 1892.

J. Auer.

# Verzeichnis

## der benutzten Bücher und Schriften.

Acta fundata artium (Cod. Heidelberg) P I.—IV.

Allgemeine deutsche Biographie   Band 27   Leipzig 1888.

Ambros, A W., Geschichte der Musik   2 Aufl.   Band 3   Leipzig 1891

Bernsdorf, Ed., Neues Universal-Lexicon der Tonkunst. III Band.   Offenbach. Aminé, 1861

Chronik der Stadt Neunburg v W. — Sammlung der dortigen städt. Registratur

Féin, Biographie universelle des Musiciens, 2 édition   tom VII   Paris 1864

Gerber, E L., Historisch-Biographisches Lexikon der Tonkünstler.   1. Theil   Leipzig 1790

— — Neues historisch-biographisches Lexikon der Tonkünstler.   3. Theil   Leipzig 1813

Gerkel, J G., Historia Gymnasii Poetae Ratisbonensis   Manuscript von 1714 im städt. Archiv zu Regensburg

Gumpelzhaimer, Christian Gottlieb, Regensburgs Geschichte.   4 Bände.   Regensburg 1830

Häuser, Dr L., Geschichte der rheinischen Pfalz   2 Bände   Heidelberg 1845.

Janssen, J., Geschichte des deutschen Volkes seit dem Ausgang des Mittelalters.   Band 5 und 6   Freiburg 1886 und 1888

Kleinstäuber, Chr H   Geschichte des evangelischen reichsstädtischen Gymnasii poetici (in Regensburg) — Verhandlungen des historischen Vereines von Oberpfalz und Regensburg   Band 35 und 36 (der neuen Folge 27 und 28 Bd.)   Stadtamhof 1880 und 1882.

Mattheson, Grundlage einer Ehren-Pforte zu Hamburg 1740.

Mettenleiter, Dr D., Musikgeschichte der Stadt Regensburg.   Regensburg 1866

— — Musikgeschichte der Oberpfalz   Amberg 1867

Kömer, Dr Th., Geschichte der Studenmusik Amberg   Sulzbach 1832

Schilling, Dr G., Encyclopädie der gesammten musikalischen Wissenschaften, oder Universal Lexikon der Tonkunst.   Stuttgart 1837

Schmagraf, J., Verschiedene handschriftliche Aufzeichnungen (Hist. Verein zu Regensburg).

Schülerregistratur des alten Gymnasiums zu Regensburg (F. Knechtshöbel).

Schüll, Dr J. M., Geschichte der Stadt Neunburg vorm Wald — Verhandlungen des historischen Vereines von Oberpfalz und Regensburg   Band 19 (der neuen Folge 11. Bd.)   Regensburg 1858.

Staerk, G K., Litterarischer Kirchen-Kalender   Dritter Band.   Hamburg 1794.

Tauf- und Trauungsbücher der Neuen Pfarr zu Regensburg

Toepke, ... der ... von 1386—1662. I. Heidelberg 1884.
II. ebenda 1886

Urkunden des K. Oberpfälz. Kreisarchivs zu Amberg

Urkunden über die Kirche des H. ... ... u. dgl. (Historischer Verein Regensburg)

Verhandlungs-Akten über H. ... Kirchen von 1664 (Hist. Verein Regensburg).

Vermandelsakten Akten über die Kirche des K. ... Kirchen von 1640—1652 (Hist. Verein Regensburg)

Welsch, J. G., Oratorisches ...buch. Jena 1750.

Walther, J. G., Musicalisches Lexicon. Leipzig 1732

Winterfeld, Carl von, Der evangelische Kirchengesang. 3 Bände. Leipzig 1843, 1845, 1847

# Inhalts-Verzeichnis.

# I. Geburt. Eltern.

M Andreas Roselius ward geboren zu Hahnbach, einem Marktflecken in der Nähe von Amberg, der ehemaligen Hauptstadt der Oberpfalz.*)

Das Jahr seiner Geburt lässt sich nicht mit Sicherheit feststellen, doch wird es zwischen 1562 und 1564 zu suchen sein, so dass unser Andreas als ein Zeit- und Altersgenosse des ebenfalls 1564 geborenen Hans Leo Hasler erscheint.

Sein Vater, Thomas Roselius, hatte zu Wittenberg studiert und Philipp Melanchthon zum Lehrer gehabt. Dieser letztere war es auch, der den ursprünglichen Familiennamen seines Schülers „Rhael" (= Basel, nicht Rhael) zu „Roselius" latinisierte. So berichtet Christoph, der erstgeborene Sohn des Andreas Roselius, ausführlich in seinem „Frieden-Brief an das ehrwürdige Predig-Ampt zu Lübeck" vom 28. Sept. 1641**). „Leide ich doch mit Geduld, dass man mich ... unser Rhael, Rüssels Larve, und Rüssels Umbläuffer aus meinem sechzigen Vetter Zunahmen heißt, dessen ich mich doch derum nicht schäme, weil Dr. Philip Melanchthon meinem Grossvater, Thomas Roselio desselben das verändert gegeben, als er damahls zu Wittenberg studierte, welcher doch zuvor Rhael (Latine Cespes,) zu Hochdeutsch geheißen, wie unsere Genealogia bezeuget; Andere nennen, und schreiben uns auch Rofähen, wie solcher Nahme in den besten Exemplarien der Formulae Concordiae zu finden ist,

---

*) Trauungs-Matrikel der Kram Pfarre zu Regensburg 1564. — Die bisher allgemein festgehaltene Annahme, der Geburtsort des Roselius sei Amberg, rührt offenbar daher, dass er selbst sich in seinen Werken überall „Ambergensis" nennt. In jener Zeit haben denn überhaupt Gelehrte, Professoren u. dgl., deren Geburtsort nach aussen hin wenig bekannt war, ihre Herkunft gerne nach der nächstgelegenen bedeutenderen Stadt benannt. Bei Roselius ist das um so mehr erklärlich, als die Vogtei Hahnbach dem Landgerichte Amberg unterstellt war (Hammer, II S 69 — Kreuzwehr Amberg, Hahnbacher Urkunden.)

**) Aus dem Aktum des Lehrerbuch Menches Tom V. Appendix. / 149 sq. Bei Starck, Lübeckische Kirchenhistorie Bd I. S 1002.

daher, und weil wir euch zu unserm Pfarrher drey Rosen führen,[*]) then wir euch erst näher nach Hohebach.''

Im Jahre 1562 bewarb sich Thomas Raselius als „Kaplan'' um die Pfarrei Hohebach und erhielt sie noch trotz des einstimmigen Protestes der dortigen katholischen Bevölkerung, die einen Pfarrer ihres Bekenntnisses und nicht einen Anhänger der „neuen religion'' erhalten wollte.[**])

Die Dauer seines Aufenthaltes daselbst kann nicht bestimmt ermittelt werden, gewiss ist, dass er um 1561 noch als Pfarrer in Hohebach wirkte, sowie dass er 1573 bereits von dort abgezogen war.[***])

Im Jahre 1574 trat er als „Kaplan'' in der Stadt Neumarg v. W. auf. Ein „Neumarger Mess-Custos-Register'', von Kathedra Petri 1574 bis dahin 1575 reichend, verrechnet nämlich unter den Ausgaben von Korn „von wegen der verredeten Pfründen'' auch „7 Viertl 1 metz Horn Thomas Raselius Caplan zu Neumarg Petri) des 75ᵗᵉⁿ folhg.''[†])

Ohne Zweifel waren es die Anstrengungen des Kurfürsten Friedrich III. von der Pfalz für Einführung des Kalvinismus in den ihm untergebenen Ländern,[?]) die den Unterlegenen Pfarrer von Hohebach veranlassten, seine Pfründe zu verlassen und dafür eine Kaplanei in Neumarg anzunehmen. Aber durfte er wenigstens hoffen, seinen Beruf der persönlichen religiösen Überzeugung gemäss ausüben zu können?

Aber auch an diesem neuen Aufenthaltsorte war ihm keine Ruhe beschieden. Denn als nach dem Tode Friedrich III. (1576) dessen Sohn Johann Kasimir Herr von Neumarg wurde und von den Einwohnern verlangte, sie sollten sämtlich kalvinisch werden, ihnen zu

---

†) Vgl hierzu das Titelbild.

**) K. Kreisarchiv Amberg Gerichts Archiv ? 25 Nr. 55 u. 34.

***) K. Kreisarchiv Amberg Rep VIII (36) Religion und Reformation R. II Nr. 61 Oberpfälz Visitations-Protokoll vom 22 Februar 1587, wo gesagt ist, dass Thomas Raselius zu grosser Zufriedenheit seiner respektiven geistlichen Behörde und seiner Pfarrgemeinde des Amtes walte. — Raits-Protokoll des Marktes Hahebach vom 19 Dec 1605. — Die Pfarrbücher von Hohebach weisen von 1573 bereits einen neuen Pfarrer „Wolf Tod'' auf.

†) K. Kreisarchiv Amberg. — Die Bezeichnungen „Kaplan'', ursprünglich für die katholischen, und „Diakon'', ursprünglich für die protestantischen Geistlichen gebraucht, wurden später ohne Unterschied für die Geistlichen beider Konfessionen angewendet.

††) Vgl hierzu Kummer, II S 40—52.

diesem Zwecke nach reformierte Prediger nach seinem Sinne auf-
drängte, da wurde „der eifrig lutherische Diebes Buchss ins Ge-
fängnis geworfen, weil er die Lehre Luthers heftig vertheidigte und
sich den fürstlichen Anordnungen widersetzte."[*] Auf eine Be-
schwerdevorstellung von Bürgermeister und Rat der Stadt erwiderte
Johann Kasimir in einer Resolution vom 18. September 1579[**]
neben anderem · „So kann er auch Buschj erwähnt Halben bey ge-
schehener anordnung noch zur Zeit und bis uff weittern Bescheidt
woll bleiben" — d. h. man hielt den Missbehagen im Gefängnisse fest
und es ist sehr wahrscheinlich, dass er seine Freiheit erst wieder
erlangte, als im Jahre 1580 Pfalzgraf Johann Kasimir Neunburg an
seinen Bruder, den lutherisch gesinnten Kurfürsten Ludwig VI., gegen
Neumarkt vertauschte[***]

Über eine spätere Lebensschicksale ist nichts bekannt, doch
berichtet ein Enkel Christoph, dass er als Pfarrer „in der Oberen
Pfalz" 1581 die sog. Konkordienformel unterschrieben habe.[†] und
aus den Aufzeichnungen seiner Gattin geht hervor, dass er 1596 bereits gestorben war

Die Mutter des Andreas Buchss hieß Anna und war eine
Bürgerstochter von Amberg. Das ergiebt sich deutlich aus einer
Anschreibung d. d. Amberg „an der kindlen dag des 96 hrs"
(18. Dezember 1596), welche ich in den Vormundschaftsakten über
die Kinder des M. Andreas Buchss gefunden habe und worin sie
eigenhändig all ihre „Haab und guether" zusammenstellt, um ihren
letzten Willen über deren Verwendung nach ihrem Tode kund zu thun
In diesem sehr interessanten Schriftstücke heißt es gleich am Anfang
„erstlich das Haus darinnen ich bin, das von meinen eldern herkumbt."

Nach dem Tode ihres ersten Gatten verehelichte sie sich zum
zweitenmal und zwar mit Jacob Waldbauer, des äußeren Rats
Burger zu Amberg".[††]

Doch scheint diese zweite Ehe keine glückliche gewesen zu sein,

[*] Chronik der Stadt Neunburg v. W. — Vgl. Saal, Geschichte der
Stadt Neunburg v. W. S 175 ff

[**] Abschrift im K. Kreisarchiv Amberg

[***] Chronik der Stadt Neunburg. — Seite 1 ff

[†] „Demütiger Friedensbrief" im Sarah, S. 1844 — Walch, Concil. Con-
cordienbuch, S ff

[††] Dies ist wohl ein Sohn jenes Waldbauer, von dem der Amberger
Burgerbuch unter dem Jahre 1607 erwähnt, er habe von einem gewissen
Andreas Koller seine Behausung samt Malzstadel in Neustift angekauft
In den Vormundschaftsakten ist statt des Namens „Waldbauer" auch

nebbafischen Unterrichtungegenstand bildet. Anfangs katholsch, wurde es unter Ludwig VI. (1576—1583) ebenso wie die Universität im lutherischen Sinne eingerichtet. Von den Zöglingen erhielten 40 talentvolle Knaben Unterricht und Verpflegung unentgeltlich, eine Anzahl anderer lebte im Konvikte gegen Bezahlung, andere wieder besuchten nur die Unterrichtsstunden, deren täglich fünf waren. Die Besoldungen der Lehrer bestanden in ansehnlichen Naturalien und einem Geldbetrage, dessen höchster 130 Gulden betrug.[*]

Lange dauerte indes die Wirksamkeit des Reuchlin in dieser Stellung nicht. Vermutlich waren die Gründe für sein Ausscheiden aus derselben konfessioneller Art. Als nämlich Pfalzgraf Johann Kasimir, der nach dem Tode Ludwigs VI. (12 Okt. 1583) als Vormund des noch unmündigen Friedrich IV. die protestantische Regierung übernommen hatte, an die Angehörigen des Pädagogiums Forderungen stellte, welche diese mit ihrer religiösen Überzeugung nicht vereinbaren konnten, verließen sowohl die vierzig Schüler als auch sämtliche Lehrer die Anstalt.[**] Es läßt sich zwar nicht direkt beweisen, dass auch Reuchlin sich unter diesen letzteren befunden habe, aber der Gedanke hieran drängt sich unwillkürlich auf, wenn man die Zeit ins Auge faßt, in der jene Personalveränderung vor sich ging und in welche ja gerade der Abgang des Reuchlin von Heidelberg fällt, mehr noch, wenn man die streng lutherische Gesinnung berücksichtigt, die er von seinem Vater ererbt hatte und sein Leben lang unverändert bewahrte.[***]

Ehe wir jedoch mit ihm Abschied nehmen von der herrlichen Neckarstadt, in welcher er nicht nur durch ernste Studien sich für seinen künftigen Lehrberuf so tüchtig machte, sondern denselben auch zuerst praktisch übte, ist noch jene ehrenvolle Auszeichnung zu erwähnen, die den eigentlichen Abschluss seines Universitätslebens bildet. Am 18 Februar 1584 erlangte er nämlich die Würde des „Magister artium (liberalium)", den höchsten akademischen Grad, den die philosophischen Fakultäten damals zu erteilen pflegten, — und zwar unter dem Rektorate des „M. Rodolphus Schlackius Miscenensis, Latinae linguae prof. publ. ordin." Als Promotor fungierte „M. Michael Maestlinus, mathematum professor."[†]

---

[*] Reuchlin, II. S. 20 f. 98 u. 101
[**] Reuchlin. II S. 100 f
[***] „Dreußiger Freundes-Brief" bei Stork. S. 1004 f
[†] Acta facultatis artium f. 17. 121. — Toepke II 667

## III. Regensburg. — Reselius als Lehrer.

Durch Beschluss von Kammerer und Rat der freien Reichsstadt Regensburg wurde der junge Magister vom 10 Mai 1584 an als Kollaborator der zweiten Klasse am dortigen „Gymnasium poeticum" und als Kantor angestellt *)

Das evangelisch-reichsstädtische Gymnasium poeticum, auch Poëtenschule genannt, bestand damals aus fünf Klassen, welche zusammen alljährlich an 200 Schüler zählten  Die Lehrer hatten den Titel praeceptor oder collaborator, unterschieden sich auch als praeceptor classicus oder collega und waren in die einzelnen Klassen so verteilt, dass der Rektor die oberste, nämlich die fünfte, der letzte unter den Lehrern die erste Klasse zu unterrichten hatte **) Das Rektorat versah seit 1574 M. Johannes Wolf, 1587 folgte ihm M. Otho Gryphius, der diese Stelle bis 1613 inne hatte ***)

Vom 19 Mai 1590 an, wo zu den bisherigen fünf Klassen noch eine sechste gefügt wurde, ward Reselius als Lehrer der obersten Klasse bestellt und verblieb dann bei demselben ununterbrochen bis zu seinem Abgange von Regensburg †)

Für seine Leistungen als Lehrer besitzen wir allerdings keine Dokumente  Seine hervorragende Tüchtigkeit auf dem Gebiete der Wissenschaft ergiebt sich aber — abgesehen von den bereits erwähnten akademischen Auszeichnungen — aus der bewundernswürdigen Reichhaltigkeit seiner Bibliothek  Das nach dem Tode Reselius' durch einen gewissen „Ramerbach von der Poëtenschul" hergestellte Verzeichnis der sämtlichen von ihm hinterlassenen Bücher ††) weist nämlich nicht weniger als 697 Nummern auf, welche sich auf die einzelnen wissenschaftlichen Zweige folgendermaßen verteilen

| | | |
|---|---|---|
| 1 Theologie | . . | 115 |
| 2 Jurisprudenz | . | 13 |
| 3 Medizin und Chemie | . | 49 |
| 4 Geschichte, Politik, Geographie und Altertumskunde | . . | 73 |
| 5 Philosophie, Humaniora u. dgl | . . | 172 |
| 6 Astronomie und Mathematik | . | 14 |

---

*) Kleinstäuber, 34 (XII), S 14
**) Kleinstäuber, 34 (XII), S 17 u. 18
***) Kleinstäuber, 34 (XII), S 19 f.
†) Kleinstäuber, 34 (XII), S 14 f.
††) Verlassenschafts-Akten.

zusammen 597 Nummern

Gewiss eine schöne Gelehrten-Bibliothek! — Da kann es uns nicht Wunder nehmen, wenn wir in alten Werken, in denen über ihn geschrieben wurde, das einstimmige Zeugnis ausgesprochen finden "Er war ein ungemein gelehrter, in vielen schönen Wissenschaften, namentlich in lateinischer und griechischer Sprache überaus erfahrener Mann."

Neben dieser ausgezeichneten wissenschaftlichen Bildung fand sich bei Baumann ein nicht gewöhnlicher Grad von pädagogischen Kenntnissen und eine vortreffliche Mitteilungsgabe. Diese Behauptung wird jeder gerechtfertigt finden, der Gelegenheit hat, sein "Hexachordum" kennen zu lernen, ein Büchlein, das weiter unten eine ausführlichere Besprechung erfahren soll. Beim Durchlesen desselben mutet es uns wahrhaftig an, als stünde wir ihn lebendig vor uns, den braven Jugendfreund, wie er mit väterlicher Liebe, aber auch mit imponierendem Ernste seinen Schülern gegenübersteht, immer bemüht, mit der Fassungskraft des jugendlichen Alters gleichen Schritt zu halten und Schwierigkeiten so viel nur irgend möglich zu beseitigen.

Sein reges Interesse an dem Gedeihen der Anstalt und an der wissenschaftlichen Vervollkommnung der ihm anvertrauten Jugend, sowie den Ansehen, das er als Lehrer genoss, kennzeichnet übrigens nichts besser als die Tatsache, dass man ihm ein eigenes Gutachten abverlangte. — "wie der schnell möchte gerathen werden".[*] Leider konnte ich dieses bedeutsame Schrift trotz aller Nachforschungen nicht auffinden. Die nunmehr in der K. Kreisbibliothek zu Regensburg befindliche "Schulordnung" des Alten Gymnasiums führt es als noch vorhanden auf — allein es wird wohl im Laufe der Zeit wie so vieles andere für unsere Zwecke wertvolle Material verloren gegangen sein.

Die nachstehende, von Baumann selbst gelieferte Beschreibung des Gymnasiums paßlicum glaube ich hier um so eher einschalten zu dürfen, als es nicht nur ein anschauliches Bild von dem Stande des höheren Unterrichtes zu damaliger Zeit gibt, sondern auch so recht charakteristisch für Baumann und seine Schreibweise ist. Die Stelle ist

---

[*] Wittmann, Kunstgeschichte der Stadt Regensburg, S. 284.

## IV. Resellus als Kantor. Seine Musik-Werke.

— nach aneingende Knaben oder Eleemosynarn genannt —, deren
seit 1570 acht bis zehn gehalten wurden, durften allwöchentlich
zweimal die Kollekte, bestehend in Geld, Brot und anderen Lebens-
mitteln, einsammeln, wobei sie vor den Bürgerthümern geistliche Lieder
sangen.[*])

Es versteht sich bei diesem regen Interesse für Musik und für
musikalische Ausbildung der Jugend von selbst, dass die maßgebenden
Personalichkeiten nach Sorge trugen, für deren Unterrichtsweg möglichst tüchtige Lehrer zu gewinnen — abgesehen davon, dass einer
Stadt von der Bedeutung Regensburgs doch ganz gewiss auch an der
Anstellung eines erprobten Kirchenmusik-Dirigenten gelegen sein
musste. Die Berufung des Ranchen auf seinen Posten zeugt demnach förmlich in dem Schlusse, er habe sich bereits damals auch auf
dem Gebiete der Tonkunst als hervorragende Kraft erwiesen, und
dass er das in ihn gesetzte Vertrauen nach jeder Beziehung vollauf
gerechtfertigt hat, davon belehrt uns sein Wirken als Kantor und seine
musikalischen Werke der Besseren genug.

Unterziehen wir zunächst seine Thätigkeit als Dirigent des
Kirchenchores einer genaueren Beobachtung, und wir werden
sehen, wie voll und ganz er diese seine Aufgabe erfasste.

Selbst von Grund aus religiös, betrachtete er die Kirchenmusik
als eines der besten Mittel, die Gedanken des Menschen zum Himmel
emporzuheben. „Durch sie", schreibt er in der Vorrede zu seinem
Cantionale, „werden die Herzen, die von der Begierde nach irdischen
Dingen niedergedrückt und durch die schädliche Herrschaft böser
Leidenschaften von dem Bösen zur göttlichen Schönheit abgezogen
sind, wieder zur Betrachtung und Bewunderung des Himmlischen
geführt, je gleichsam angetrieben, durch sie werden die Gemüter der
Zuhörer mächtiger getroffen und sanfter gestimmt. Denn solche
fromme Texte, allen wohl verständlich, in liebliche Melodien gekleidet
und ebenso vorgetragen, dringen mehr hinein in die Herzen, erregen
dieselben mit größerer Kraft und prägen sich dem Gedächtnisse nach-
haltiger ein."

Bereits im Jahre 1596 wandten sich Bürgermeister und Rat —
nachdem sie sich, wie Ranchen besonders berichtet, von seiner Mittel-
mäßigkeit in Bezug auf die Leitung des Musikchores überzeugt hatten,
— mit dem Ersuchen an ihn, er möge nach dem Beispiele anderer

*) Ausführlicheres über Almosen, Kanzeln u. s. w. bei Mettenleiter,
Musikgesch. d Stadt Regensburg, S 295 f und Kirchweger 35 (37), S 00 u 04 f

Er | bern Oamaror vnd Ehal vnd guatrer Eoangelueben gowova der lohle | chen Frey vnd Borchanud Bageolborg | Compoelrt vnd geaohrueben | durch | M. ANDREAM RASELIVM AMBER- ORN. ROK der Eoangelmehen kerch vnd echool | decolbm CANTOREM | ANNO | 1588.

Auf Blatt II bis IV folgt die echöne, in tadellosem Latein abgefasste Widmung, welche zugleich die Vorrede bildet und die bereits Mommahrier unverklaru veröffentlicht hat [*] Füllt schon hier die echöne kräftige Schrift des Rasinus angenehm ins Auge, so nötigt uns die kalligraphische Ausschmückung der nun folgenden einzelnen Kirchengesänge geradezu Bewunderung ab. Noten wie Text sind annehmend gefällig, dabei so groß und deutlich geschrieben, dass sämtliche Choralsänger ohne Mühe aus dem einen Buche zu singen im stande waren. Am Anfange der einzelnen Abätze, Strophen u. s. w finden sich behände, summer prächtige Initialen, ihre hervorstechenden Farben dienen dem Werke nicht bloß zur Zierde, sondern mussten auch die Übersicht beim Vortrage wesentlich erleichtern.

Leider ist der Kodex vielfach lückenhaft. So fehlen gleich zu Anfang zwei Blätter, die ein nachzutragunge „Domine ad adiuvandum me" enthielten, von dem aber nur mehr Alt, Tenor I und Tenor II mit dem Schlusstexte „et in saecula saeculorum amen allelujar" (S 4) vorhanden sind. In der unteren Notenzeile steht im dritten Zwischenraume ganz klein eingeschrieben: Prohr Voridum Ao 87.

Nun folgen Seite 6—23 fünf meiner Kompositionen über „Domine, ad adiuvandum me", jede zu sechs Stimmen, die ersten drei streng polyphon und sehr schöne, die vierte homophon, endlich die letzte im sogenannten Falso-bordone-Stil gehalten.

Die zwei nächsten Seiten sind leer. Dann folgt (S 25 u 26) eine kurze achtstimmige Komposition in noch vermehrtem Kontrapunkt, ohne Text — wahrscheinlich ein „Deo gratias".

Seite 27 enthält Cantus I. Altus und Tenor I von einem „Amen" für sechs Stimmen, das nächste Blatt fehlt.

[*] Mommsnleser, Musikproch. d Olimpib'n s 68 S — Ausdrücke wie „echrernende Melodumas et hardurus ille penitpher". Jede germanus tam profunda horrendaque superstitioma mumurat" u s. w. mollen uns dem Oberuagroegelorven Lutheraner nicht alleubanh earcalava.

Gegen den Schluss dieser Vorrede ersucht Rasinus einen „palo mumal", welche er als Milhoettel für den (Gesangs) Unterricht am Gymnasium verfand, auf eine Tafel gesetabnet und ausgestellt haben.

16

Seite 30 finden noch einige wertlose spätere Einträge von fremder Hand

Die Seiten 31 und 32 sind leer

Die Seiten 33 und 34 enthalten ein siebenstimmiges „Deo gratias", wieder in rechster Polyphonie. Von dem Kantor Homberger wurde 1613 über den lateinischen Text die deutsche Übersetzung „Dankh sey dem Herren" beigefügt

Seite 35 und 36 zeigt die nämliche Komposition mit dem Texte „Amen".

Das auf Seite 37 befindliche „Deo gratias" für Alt, drei Tenore und Bass scheint nur von einer anderen Hand geschrieben, also keine Komposition des Raselius zu sein

Seite 38 ist leer

Die Seiten 39 und 40 bringen ein achtstimmiges „Deo gratias" (4 Cant, 2 Alt, Ten, Bass) mit eigentümlichen Verzierungen in den beiden oberen Sopranen (lauter Achtelnoten), während die übrigen Stimmen ganz einfach und ruhig gehalten sind

Seite 41 wieder ein „Deo gratias" — in Kanonform — Leider sind nur Cant. I und II sowie Bass vorhanden, weil die nächsten Blätter fehlen. Von Seite 41 bis 64 enthält nämlich unser Kodex nur mehr zwei Blätter, auf deren erster Seite doch das Ende eines sechsstimmigen Liedes (5 Strophen) befindet. Am Schlusse ist in kleiner Schrift die Bemerkung angefügt: Unm zum erstenmal sanderem Rieb in palentatem Turen parvenxeret predie Michaëlis 1594. Auf den zwei nächsten Seiten folgt das Lied „Mag ich unglück mit widersam" (3 Strophen), endlich auf der vierten Seite der Anfang von Psalm 79 „Herr es sind Heiden in dem erb" (9 Strophen).

Von Seite 64 an enthält das Werk vierstimmige Bearbeitungen von deutschen Kirchengesängen. Der Cantus firmus liegt in der Oberstimme, die anderen Stimmen sind mit Ausnahme einiger weniger Sätze im einfachen Kontrapunkte, nota contra notam gesetzt. Die Harmonie klingt allerdings manchmal fremd, zuweilen hart, im allgemeinen aber ist der Satz rein, kräftig, volkstümlich und edel. Zunächst finden sich (S 64 bis 75) vier Gesänge „in festo nativitatis Christi", dann (S 77 bis 86) drei Osterlieder, deren zweites auch eine Strophe auf Christi Himmelfahrt enthält, endlich (von S 89 an) noch weitere sehr Gesänge für Pfingsten und andern Feste oder Gelegenheiten; doch sind die drei letzten dieser Lieder nicht mehr vollständig, weil noch Seite 103 wieder mehrere Blätter fehlen. Auch in diesem Teile

den Buches und manchen Seiten hier gehören, andere enthalten Einträge aus späterer Zeit, aber ohne Bedeutung, z. B. S. 75 ein *Bene-
dicamus* „*in Natale Dni*", Choralmelodie mit deutschem Texte") u. s. w.

Die letzten sechs Blätter bringen elf deutsche „*Magnificat*".
Die Reihenfolge derselben nach den zwölf Tonarten des Glarean'schen
Systems lässt darauf schliessen, dass Rauch auch noch eine zwölfte
Komposition über jenen Text gedichtet und in die Sammlung aufgenommen hatte, die aber nicht mehr vorhanden ist. Es ist übrigens
die Einrichtung dieser *Cantica* durchweg die gleiche, die ungeraden
Verse und für einstimmigen Vortrag nach der betreffenden Choralmelodie, die geraden zu einfachen, aber recht hübschen und sehr
wohlklingenden *Falso-bordoni* verarbeitet (Ausnahme ist bei Tonus IV.) gesetzt. Im wesentlichen stimmen die Choralmelodieen mit
denen des *Magnificat* im römischen *Vesperale* überein, nur und ein,
namentlich im zweiten Teile des Psalmverses, etwas verziert. Der
neunte Ton entspricht genau dem sog. *tonus peregrinus*, der zehnte
und elfte weisen fast ganz dieselbe Melodie auf wie die vierte und
fünfte Tonart **)

<hr />

") Am Schlusse ist beigeschrieben ... ... 20 Februar 1539 Sigis-
... Kantor in ... ... — Diese kurze Bemerkung ist für
die weitere Geschichte unseres Cantionale insofern von Interesse, als darum
hervorgeht, dass dasselbe nicht immer in Regensburg geblieben ist, sondern
dass entweder schon Rauch bei seinem Abzuge nach Heidelberg es mit-
genommen oder dass es später an den Besitz eines gewissen Johann Thomas
übergegangen ist, der als Kantor zu ... ... (identisch mit dem oben
genannten ...) 1539 starb (vgl. weiter unten Nr. VIII.) Ohne
Zweifel rührt der in Rede stehende Eintrag von einem neuen Nachfolger an
jenem Orte her.

**) Ein Umstand darf hier nicht übergangen werden, der für die Ge-
schichte der protestantischen Liturgie nicht ohne Bedeutung ist. Die im
Cantionale enthaltenen Kompositionen des „*Deus ad adiuvandum me*" für
den Beginn der Vesper, die Responsorien, die Magnificat lassen nämlich deutlich erkennen, dass man in der evangelischen Gemeinde zu Regensburg noch
zu Rauchs' Zeiten die Vesper wesentlich grosse so feierte, wie die Katholiken
sie noch heute abzuhalten pflegen. So man z. B. das „*Deus in adiutorium
meum intende*" damals auch von den protestantischen Geistlichen intoniert werden soll, da es noch bei Rauchen nirgends komponiert findet, vielmehr der Chor
sofort mit dem zu jenem Intonation sich anschliessenden „*Deus ad adiuvandum me*" begann. Und wenn auch die übrigen Gesänge in deutscher Sprache
vorgetragen wurden, so bediente man doch bei den Responsorien damals noch
den lateinischen Text der alten Kirche bei und bedurfte erst später der
deutschen Übersetzung, wie die die nachträglichen Zusätze von fremder Hand
in neuern Codex aus Genüge beweisen.

Reizt uns es des Confessmals durch seine Entstehungsgeschichte ebenso wie durch seinen Inhalt des Beweis für die Rührigkeit unseres Meisters als Kirchenmusikdirigenten, so zeigt uns ein zweites, aus dem Jahre 1600 stammendes Wort in ihm den durchweg tüchtigen Musiklehrer

2 *Hexachordum.* Das nur verhexende Exemplar des Hexachordum ist Eigentum der K. Bayr. Hof- und Staats-Bibliothek in München und trägt die Signatur Mus Th 2700 Es ist ein Druckwerk in der Stärke von 4½ Bogen (kl. 8°) und in braun Leder gebunden Die Seiten sind nicht nummeriert

Ein weißes Blatt vor dem Titeldrucke enthält die von des Verfassers eigener Hand geschriebene Widmung MICHAELI SON-LEVTNER | VIRO VNDIQVAQVE | DOCTISSIMO, HVMA- | NISS Q GYMNASIJ | MARTINIANI AMBER- | GENSIVM RECTORI, DO- | MINO ET AMICO MEO | HONORIS ac | OBSER-VANTIAE | ergo | mitto cum salute mitto | AVTHOR. | 14 Calend Januar Anno | Fine MVnDI LiberubVmVr [Vall eX | Veto

Der Titel des Buches ist mit verhexter Ornamentik umrecht und lautet

HEXACHORDVM | Seu | QVARTVS | NER MVSICÆ | PRACTICÆ, ARX CA- | pitibus comprehedens, quae contr- | nent perspicua methodo ad | praxin, ut bodie est, | accofferta. | Pro Gymnasio Poetico SPQ | Ratisponensis, bon ordine distributa, et | plenotis exempla, cum cum pulcher- | rima XII Modorum de- | vium illustrans | a | M ANDREA RASELIO, | ejusdem Cantore. | CVM GRATIA ET PRIVILEGIO | IMPERIALI | Norlingae | M D XC

Die Einleitung des Werkes bildet eine sieben Seiten lange, in sehr gutem Latein geschriebene Widmung „Nobili G. Ampliß Prudentissimis | COS ET SENA- | TORIBVS IMPERIALIS | LIBERÆQVE REIPVB | RATISPONENSIS | Dominus meis clementissimis S " Darin beklagt der Verfasser zunächst, dass es gegenwärtig zwar eine „gewissermaßen unglaublich große Anzahl von „Sängern", aber kaum den einen und andern tüchtig gebildeten „Musiker' gäbe — während doch gerade gründliche theoretische Bildung die unerläßliche Bedingung sei für einen richtigen musikalischen Vortrag" Mit anerkennenswerter Offenheit gesteht er, die Ursache hiervon liege nicht nur in der Nachlässigkeit der Musik-Lernenden, sondern in noch höherem Grade in der Ungeschicklichkeit oder Unwissenheit der Lehrer. „Entweder", sagt er, „und wenn Musiker selbst nicht ge-

Töne, Tonlehren, Schlüssel, *Cap III* handelt vom Hexachord, seinen Tönen und Arten, *Cap IV* von den Intervallen, *Cap V* von den Noten und deren Dauer, endlich *Cap VI*, das mehr als die Hälfte des Buches einnimmt, von der nach musica, den Tenorten

Das Büchlein umfasst demnach alles, was zu einer gründlichen musikalischen Bildung, für einen Sänger wenigstens, erforderlich schien — ja man ist bei näherem Eingehen geradezu erstaunt über die Fülle des Gebotenen. Raselius hat — in ganz richtiger Erkenntnis der für die Jugend vorteilhaftesten Unterrichtsart — die Darstellung in Frage und Antworten gewählt und dabei seinen Stoff mit einer Schärfe, einer Kürze und einer Verständlichkeit behandelt, die uns auf jeder Seite in dem durch und durch gebildeten Theoretiker auch einen Lehrer von bewundernswerter Mitteilungsgabe erkennen lassen. Allen ist es praktisch man sieht, dass der Verfasser seine Theorien nicht in trockener Berechnung am Studierpulte ausgedacht, sondern dass er durch fortgesetzte Übung gelernt hat, so zu schreiben und zu sprechen, wie junge Leute, überhaupt Anfänger es vertragen. Die einzelnen Regeln sind allenthalben durch passende Beispiele erläutert, und wo sich Gelegenheit bietet, werden die Schüler auf Kompositionen verwiesen, die ihnen bekannt waren und in welchen ihre Regeln praktische Anwendung finden, so auf die beim Gottesdienste üblichen Kirchenlieder, auf die *Psalmodia Latini*, die Gesänge der römischen Chöre, die Werke von *J. Regnart, L. Senfl* und vielen anderen, besonders von *Orlando di Lasso*.

Um es kurz zu sagen, wir haben an dem *Hexachordum* ein Werk vor uns, das allein hinreichen könnte, den Namen Raselius der Vergessenheit zu entreißen, es ist nicht bloß ein Muster schriftlicher Anleitung für den Gesangunterricht, sondern auch eine bedeutsame Erscheinung der älteren Musiktheorie — und es dürfte sich wirklich lohnen, das Büchlein wieder abzudrucken.[*)]

Noch folgen drei Hymnen (*Veni creator spiritus — Jam lucis orto alterr — Summe refectus cibisius*) für vier Summen im einfachen Kontrapunkt (nota contra notam), ein Verzeichnis der Druckfehler und ein nachträglich angefügtes Beispiel zu *Capitel VI* und einigen Erläuterungen. Bezeichnend für den Verfasser sind die Worte, mit denen er von seinem Leser Abschied nimmt. „Kein anderer

---

*) Wie hoch man dieselbe in Regensburg schätzte, mag daraus ersehen werden, dass noch im Jahre 1664 der dortige Rat ausdrücklich den Gebrauch der „Musica Raselii" d h des Hexachordum beim Musikunterricht am Gymnasium verschrieb — Kleemlehre 35 (37) S 69

recens composita sunt per M Andream Raselium A Gymnasii
Patis K P Q Ratisp Cant. Mense Novembri MDXIC (1589)."
Ftl.

Es ist Autograph und enthält im ganzen 144 Nummern, darunter
neun Kompositionen von Raselius selbst; die übrigen sind von Lassus,
Lechner, Handl, Stabile u. a.   (Proske'sche Bibl. zu Regensburg.)

An weiteren Arbeiten des emsigen Meisters finden sich

4  „Psalmen und Geistliche Lieder, welche zu Regensburg
in den Evangelischen Kirchen von einer christlichen Gemein daselbst
durch das ganze Jar gesungen werden, mit 5 Stimmen Contrapunkts-
weise (also dem der Dedaut des Choral führet) gesetzt von M. Andreas Raselio A, Gymnasij Cantore 1591" — Autograph Quar 4°
— 37 Gesänge und das „deutsche Magnificat". (Proske'sche Bibl.) *)

5. „Teutsche Sprüche, aus den Sonntäglichen Evangeliis
durchs ganze Jar mit fünf Stimmen durch Andream Raselium Ambergensem  in welchen vera exempla Dodecachordi Glareani in
utraque scala gefunden werden Zuvor in m Druck gaben  Nürnberg in der Gerlach'schen Truckerey durch Paulum Kaufmann.
1594 — Quar 4° — 53 Nummern.  (Proske'sche Bibl.)

6  „Exercitationes Musicae Andreae Raselii A. Cantoris
apud Ratisp in quas Magnificat ad omnes Dodecachordi Glareani
modos  Et alia Cantiones 6, 5 4, et 8 Voc. festivissimis Nativi-
tatibus annorum diversis temporibus compositae et ordine descriptae
Martio Mense Anno 1594 Bero subarrans" – Autograph Quar 4°
— Enthält 3 Magnificat und eine Anzahl Motetten und deutsche
Gesänge von Raselius, die übrigen Kompositionen sind von Lassus,
Sale und eine von Hermach  (Proske'sche Bibl.)

7. „Neue Teutsche Sprüche auf die Fürnehmsten Jähr-
lichen Fest und Aposteltäge, nach den gewöhnlichen Evangelis
gesungen und mit 5 6 8 und 9 stimmen auf die 12 Modos Dodecachordi gesetzt durch Andream Raselium Ambergensem   Gedruckt
zu Nürnberg durch Paulum Kaufmann 1595" — Quar 4° —
23 Nummern (Stadtbibliothek zu Lübeck A T Serta — K Bibliothek
Stockholm 5 Sub — Proske'sche Bibl.)

―――――
*) Vgl lassen den weiter unten Gesagte

8. „Geistliche Psalmen und Lieder." Handschrift von Raselius aus dem Jahre 1599, jetzt Eigentum der K. Universitäts-Bibliothek Göttingen (unter der Signatur „Lib M 8 theol 3NG I")

Herr K. Krüger hat gelegentlich einer Rezension von Mettenleiter's „Musikgeschichte der Stadt Regensburg" in den „Göttinger Gelehrten Anzeigen" 1868, Nr 12. S. 510 f. auf diesen Kodex aufmerksam gemacht und eine kurze Beschreibung desselben gegeben, desgleichen nach ihm A Quantz in dem Verzeichnisse der Musikwerke der Universitäts-Bibliothek Göttingen (Monatshefte für Musikgeschichte 1858, Beilage 3.). Ich verdanke die Kenntnis des interessanten Werkes der Güte des K. Universitäts-Professors Herrn Dr. Wilhelm Meyer in Göttingen.

Die Handschrift besteht in VI nicht gezählten und 131 gezählten Blättern, 50 cm hoch, 36½ cm breit, und ist tadellos erhalten

Auf dem weißen Pergamenteinband, der wegen des Cantionale ganz ähnlich ist und offenbar von dem nämlichen Buchbinder gefertigt wurde, steht „CANTICA SACRA | PRO NOVA | PAROCHIA | 1599 "

Blatt 1 enthält in roter Schrift und großen Buchstaben den Titel „Geistliche | Psalmen und Lieder So | in der Neuen Pfarr | zu Regensperg | durche ganze Jar üblich | mit fünf stimmen gesetzt | durch | Andream Raselium | Cantorem."

Auf Blatt II steht, ebenfalls in großen rot geschriebenen Buchstaben „Cantionum ' Sacrarum Germanicarum | opus Novo | Pro Nova Parochia | S P. Ratisp | Gratias enerae documentum ; numerae munimentum | religen | Andream Raselium | Cantor." — Auf der Rückseite befindet sich das in heebräischen Distichen abgefassten Empfehlungsgedicht an den Rat von M Christophorus Donaverus Ratisponensis, Eccle Patron: Munster P L (= Petri Laurentius) Nachdem durch die Erhabenheit und die erhebende Wirkung eines guten Kirchengesanges geschildert ist, heißt es solche Gesänge setzte Raselius, berühmt durch sein Talent überhaupt sowie insbesondere durch seine Leistungen auf dem Gebiete der Musik. Im Vereine mit ihm und seinen Musikchore bringe das gesamte Volk beim Gottesdienste herrliche Andenkungen Gesänge zum Vortrage, nicht selten errege dies die Verwunderung der Fremden, der in diese Stadt komme und erwecke in ihm den lebhaften Wunsch, zu Hause Gleiches finden zu dürfen. „Den Künstler," so schließet der Dichter, „beansprucht ein Werk nehmen dir das letztere bei, dem ersten bewahret euere Liebe bleibe und eine Zierde für euere Stadt."

Blatt III giebt eine kurze Inhaltsangabe „Ordnung | der gemeinen rbischen Psalmen | durchs gantze Jar," der sich auf den zwei nächsten Seiten ein alphabetisches Verzeichnis der Gesänge anreiht.

Die Rückseite von Blatt IV und die erste von Blatt V enthalten ein deutsches Gedicht, ohne Zweifel von Raselius selbst verfasst, womit er sein Werk dem Rate der Stadt widmet. Das Gedicht beginnt

„Dis Cantional mit sonderm fleis
Verfasset zu vß dem werk
Von Andres Raselis,
Der Stadt Regenspurg Musico
Als vier fünffacho hundert Jar,
Das Neuntzig Neundt im anbruch war.
Do Er solche schrifb vnnd dichtet,
Regirten die, wie nachu gebürt,
Sechs Cammerer, vnd Die benebon.
Die schon Rathsfreund zugegeben,
Ein Edel, Vest, Gottfürchtend from,
Gerecht, Weis, Weis Collegium."[*]

Nun führt er die einzelnen Ratsherren mit Namen und unter Beifügung von Stand und Amt an; jedem von ihnen wird dabei irgend ein ehrendes Prädikat zugeteilt.

Während die bisher musterhaft schöne Schrift auf die Herstellung durch einen Kalligraphen schliessen lässt, haben wir von da an, mit Beginn des eigentlichen Werkes, die männlich kräftige, durchaus deutliche Handschrift unseres Meisters selbst wieder vor uns

Es sind im ganzen 49 deutsche Kirchenlieder, die hier in fünfstimmiger Bearbeitung geboten sind und Ihrem Inhalte bezw. ihrer Bestimmung nach verteilen sie sich folgendermassen:

| | |
|---|---|
| Buss- und andere Psalmen-Gesänge | 33 |
| Sonntägliche Lieder . | 5 |
| Katechismuslieder | 6 |
| Gesang für den Advent . . | 1 |
| „ „ Weihnachten . | 4 [**]) |
| | 49 |

---

[*] Den vollständigen Text dieser deutschen sowie des vorerwähnten lateinischen Gedichte von Donauer s. im Anhange.

[**]) Das Register verzeichnet noch einen fünften Weihnachtsgesang mit dem Anfangstexte: „Christen zur süssen leben" als auf Blatt 59 stehend, es ist aber weder an dieser noch an einer anderen Stelle des Werkes zu finden. Offenbar hatte Raselius das genannte Lied für jene Stelle bestimmt, kam aber nicht mehr dazu, es dort anzuschreiben.

| Gesänge für die Passionszeit | . | 1 |
|---|---|---|
| „ „ Ostern | . . . | 3 |
| „ „ Himmelfahrt | . . . . . | 3 |
| „ „ Pfingsten | . . . . . | 1 |
| „ „ Dreifaltigkeit | . . . . . . | 1 |
| To deum laudamus | . . . . . . . | 1 |
| | | 47 |

Was die musikalische Form der Kompositionen selbst betrifft, so ist ein Vergleich dieser Sammlung mit den Gesängen des Cantionals von Interesse. Während nämlich dort die Oberstimmelodie in der einfachsten Weise, Note gegen Note, und nur vereinzelung kontrapunktiert erscheint, finden wir hier zwar die Melodie ebenfalls fast ausschließlich in der Oberstimme, in den begleitenden Melodien aber bereits eine viel kunstvollere Behandlung und reiche kontrapunktische Formen. Namentlich ist in der Baß, dem Bendus mit Vorliebe freiere Bewegung in durchgehenden Noten u. dgl. gewinnt bei einzelnen — allerdings wenigen — Liedern sogar in einem Grade, der den Gang so viel erschwert und jenen Gesängen einen so zweckloseren Charakter aufstrahlt.

An vielen Stellen des Codex sind Datums-Angaben — von Bendus selbst — beigesetzt, die sich ohne Zweifel entweder auf die Anfertigung der betr. Kompositionen oder auf deren Eintragung in die Sammlung beziehen und die Zeit vom 25. Februar bis 8. November 1597 umfassen. So ist Bl. 3 nach dem Liede: „Es spricht der Unweisen" zu lesen: „14 7bris 1597", Bl. 9 nach dem Liede: „Der Herr ist mein getreuer Hirt": „15 7bris 97", Bl. 30 steht die Bemerkung: „17 7bris Ao 97. Decantatus hic Psalmus primò in Parochia ☉ (= Dominica, Sonntag) 16 8bris q̃ sacra Dibus Dedicationis novae hujus aedis. 1597 Statum hujus sacrarum Ceremoniarum  Cum organo alternae", weiter Bl. 35, „14 7bris 1597. Exam. IV tribus. Seq die ☉ 15  7bris  Rursum erat primò decantabatur in Nord parochial loco Myfest in Vespra (statt Vesperis)", Bl. 57, „16 8bris A D III DC supra M (= 1597)" u. s. w.

Außer den von Rendum komponierten Gesängen enthält unsere Sammlung noch vier andere von dem Kantor M. Paulus Hamberger, welcher als der zweite Nachfolger des Rendum von 1605 bis 1634 dessen Stelle inne hatte. Auch er und ähnlich Rechtuneug, im Trocssse des Arbeites Bendus's reithish ähnlich und stehen Bl. 39, 401, 431 und 88 [*]

[*] Bl. 74 steht, ebenfalls von Hamberger geschrieben, der Text von dem Liede „O Welt ich muß dich lassen", aber ohne Noten.

Sammlung von Kirchengesängen (wenigstens mehrstimmige) der evangelischen Gemeinde in Regensburg angesehen darf, enthält auf 258 Seiten in 12° nicht weniger als 51 Lieder. Deutsche derselben sind vierstimmig, die übrigen fünfstimmig gesetzt. Außerdem sind mehrfach kürzere und längere Gebete aufgenommen. Man hatte somit hier ein „Gesangbuch" vor sich, das den gottesdienstlichen Zwecken der Gemeinde völlig genügte.

Einer Besprechung der in dieser Sammlung gebotenen Gesänge kann ich mich um so eher enthalten, als bereits Winterfeld sich darüber bis ins einzelnste verbreitet hat[*]; zudem ergiebt sich aus einer Vergleichung des „Regensburg Kirchen-Contrapunct" mit dem bereits unter der vorigen Nummer beschriebenen Codex der Universitäts-Bibliothek Göttingen, dass die beiden Werke hinsichtlich des Inhaltes im wesentlichen völlig übereinstimmen. Zwar ist die Reihenfolge der Lieder in der einen Sammlung nicht immer dieselbe wie in der andern — die Gesänge selbst aber erweisen sich nach Text und Musik als ganz die gleichen, nur fehlt im Regensburg Kirch. Contrap. des in der Göttinger Handschrift am Schlusse befindliche (Deutsche) „Te Deum laudamus", während hingegen in der kleineren fünf Gesänge des Regensb. Kirch. Contrap. gar nicht sind und von zweien — nämlich „der 1. Psalm" (Bl. 26) und „Ein Siegesang wider den Türken" (Bl. 51) — nur die Noten ohne Text enthalten sind.

Eine ähnliche Übereinstimmung besteht auch zwischen den beiden oben angeführten Sammlungen und der bereits oben unter Nummer 4 aufgeführten Handschrift „Psalmen und Geistliche Lieder" von 1591[**]; so dass wir also in diesem Autograph, dem „Contrapunct" der Univ.-Bibl. Göttingen und dem „Regensburg Kirchen Contrapunct" im wesentlichen eine und dieselbe kirchliche Liedersammlung vor uns haben. So wird es begreiflich, warum Baacher in der Vorrede zu dem „Regensb. Kirch Contrap" über die stetige Notwendigkeit des vielfachen Abschreibens der von ihm gesetzten Kirchenlieder klagt.

10. Außer diesen Kompositionen finden sich von unserm Meister noch gar manche werthvoll vor, so namentlich in den folgenden, der Proske'schen Bibliothek angehörigen Sammlungen:

a) Handschriftliche Sammlung von vierstimmigen lateinischen und deutschen Gesängen aus dem Jahre 1605, in ganzen 25 Nummern. Qu. 4.

[*] Winterfeld, Der evangelische Kirchengesang   Bd. II, S. XI f.
[**] S. Mettenleiter, Musikgesch. d. St. Regensburg   S. 289

boren, ... um 1694 an in Schwäbisch verschiedene Gemeindeämter inne hatte und auch als Organist thätig war. Die Titel der einzelnen Abhandlungen waren nach Angabe des Bücherverzeichnisses von Haussmann folgende

a) Andr. Raschi Tractatus primus, de Subjecto Musices.

b) Ej. Tractatus secundus, de Systemate Musices.

c) Ej. Tractatus tertius, de Monochordi diversum proportionaliter, unde Consonantias demonstrat.

d) Ej. Tractatus quartus, de Temporibus Musicis.

e) Ej. Tractatus quintus, de Symphonia, Consonantiis et Intervallis.

f) Ej. Tractatus sextus, de aliquot Instrumentis musicis vulgariter notis

g) Ej. Arithmetica musica.

h) Ej. Anleitung zum General-Bass [*]

So wenig als Mattheson bisher auch ich trotz aller Nachforschungen irgend etwas über diese Traktate erfahren  Gleichwohl möchte ich hierzu nicht den Schluss ziehen, an dem er gelangt, und überhaupt an der Existenz derselben zweifeln.  Was hätte auch den Organisten Haussmann veranlassen sollen, jene Schriften ohne allen Grund als Werke des Raschio zu bezeichnen?  Denn *Titel* u. a. von ihnen nicht Notiz nehmen oder nur einige davon anführen [**], kann bei dem ganz geringen Interesse das man Raschio und seinen Leistungen bisher entgegengebracht, doch wohl nicht von Belang sein.  Zu bedauern ist nur, dass von allen theoretischen Schriften Raschio's das „Haussbüchlein" einzig und allein noch erhalten zu sein scheint.

Das Gesagte dürfte genügen, um die Bedeutung des Raschio's sowohl als Musik-Theoretikers wie als Komponisten in das rechte Licht zu stellen  Allerdings fehlt uns jeder Anhaltepunkt zur Beantwortung der Frage, wo und von welchem Lehrer er den Unterricht in der Tonkunst erhalten habe; dass er aber von Jugend auf Talent und Neigung für Musik in sich gefühlt und mit besonderem Eifer diesem Studium obgelegen sei, das sagt er selbst in der Vorrede zum „Hauss-

---

[*] Vgl Gerber, Lexikon der Tonkünstler  2 Teil S 253 f – Richtig bemerkt Mattheson (l. c S 309) „Es wäre zu wünschen, dass der Format, der Ort und das Jahr dieser Schriften beigefügt, so dass auch die gedruckten Werke von den Mss unterschieden ergo mögen."

[**] Mottenleiter, Musik i. St. Regensburg S 26 – Der Verfasser irrt aber, wenn er sagt, dass auch Schilling nichts über diese Abhandlungen mittelt  Schilling verweist im Gegenteil (Encyclopädie 5 640) ausdrücklich auf die betr. Stelle bei Gerber.

zwar auf der Erde steht, aber das Auge fest, treu und gläubig zum Himmel hebt."

Und so treten wir denn unsern Raselius ohne Bedenken in die Reihe derjenigen Tonsetzer aus der zweiten Hälfte des sechzehnten Jahrhunderts ein, die — wenn auch nicht so groß, so tief und fruchtbar wie Haßler und Aichinger — doch mit Hilfe des ihnen vom Schöpfer verliehenen reichen Talentes mehr als unbedeutende Werke geschaffen haben .

## V. Raselius als Chronist.

Haben wir im Vorhergehenden Raselius einerseits als tüchtigen Gelehrten und Lehrer, andererseits als hervorragenden Musiker kennen gelernt, so erübrigt uns nunmehr, ihm auch auf ein anderes Gebiet zu folgen, auf welchem er sich ebenfalls hohen Ruhm erworben hat, es ist seine Thätigkeit als Verfasser der Chronik von Regensburg

Von dieser Chronik lieferte Raselius zwei Bearbeitungen, die eine in lateinischer, die andere in deutscher Sprache. Die lateinische Ausgabe ist nicht mehr vorhanden. Alles, was über sie zu sagen ist, beschränkt sich auf den Titel „Annales Ratisponenses" Der Titel der deutschen Chronik lautet: „Chronicon de Civitate Ratisponensi quodcunque ornamentu. Beschreibung der Stadt Regensperg, was sich von Anfang derer biß auf jetzige Zeit begeben" Raselius handelt darin zunächst von dem Namen und der Lage Regensburgs, beschreibt sämtliche größere Bauten, wie Kirchen, Klöster, städtische Gebäude und giebt sodann in chronologischer Ordnung eine Erzählung aller für die Stadt bemerkenswerten Ereignisse bis 1545 [*]) Leider ist das im Jahre 1595 angefertigte Original-Manuskript (die Chronik wurde nie gedruckt) nicht mehr aufzufinden. Bis zur Aufhebung der bayerischen Klöster im Jahre 1803 war dasselbe im Stifte St. Emeram aufbewahrt. Abschriften sind allerdings mehrere vorhanden, [**]) sie haben aber nicht gleichen Wert, da manche von den Abschreibern nicht nur durch augenscheinliche Zusätze, sondern auch durch Umarbeitung der Raselius'schen Darstellung nach ihrer subjektiven Anschauung und von ihrem besonderen konfessionellen Standpunkte aus

---

[*]) M Christoph Donauer (Donaverus) „aus Wörrn in der oberen Pfalz", † 23. Juni 1656 als Superintendent zu Regensburg, hat die Chronik später bis zum Jahre 1654 fortgesetzt.

[**]) Auch Auszüge aus diesem Werke wurden angefertigt und so größeren, teils u. kleineren Umfanges und sind deren noch enzelne Exemplare vorhanden

den Charakter des Originals mehr oder minder verwischt haben. Dass dem in der Urschrift also vermischt war, was einer anderen Konkonen in neuerer Weise nahe getreten wäre, dafür bietet man der edle Charakter des Verfassers (o a) Bürgschaft.

Wie in fast allen Chroniken jener Zeit finden sich auch in der hier besprochenen das eine nach anderemal Angaben, deren Naivetät uns unwillkürlich ein Lächeln abringt — im grossen und ganzen aber kann der aufmerksame Leser dem Charakter des Zeugnis gewissenhaften Fehler nicht versagen. So schreibt M. Zypelius, Rektor des Gymnasiums, in dem lateinischen Programm „de Cantoribus," das er zum Herbstexamen des Jahres 1722 herausgab „Annales eius (sc. Raselii), quos inde ab origine urbis usque ad a. 1646 Latine pariter ac Germanice udeunde conscripsit, in pretio apud multos sunt." Mattheson zieht[*] einen Vergleich zwischen der lateinischen und der deutschen Bearbeitung und fasst das Ergebnis in den Worten zusammen: „Die erstere scheint in einigen Stücken vollkommener zu seyn. Dahingegen die deutsche Ausarbeitung nach manchenmahl in verschiedenen Stellen die lateinische übertrifft." — Die Regensburger haben diese Arbeit ihres Mitbürgers stets hoch gehalten, für den Geschichtsschreiber der ehemaligen Reichsstadt hat sie heute noch Wert.[**]

## VI. Familienleben. Charakter.

Kehren wir nach der Besprechung der öffentlichen Thätigkeit Raselius' wieder zu ihm selbst und seinem Privatleben zurück.

Noch im September 1584, also bereits vier Monate nach seiner Anstellung hatte er sich verehelicht. Das Trauungsbuch der Neuen Pfarre berichtet darüber. „1584. Am 7 Septembris ist Eingelan worden der weigeliert Mr. Andreas Raselius Cantor auff der postenschul allhie von Hambach und Jura Maria des Erbarn Mathers Brudfia Apotheckere allhie Eheleibe tochter."

Der Ehe entsprossen acht Kinder, nämlich

1. Tobias, geboren (getauft) 13 Juli 1589,
2. Christophorus    „    2. Juli 1590,
3. Wolfgang    „    13 August 1592,
4. Georgius    „    18 Januar 1596,

---

[*] Mattheson, Ehrenpforte. S. 284 f.

[**] Eine Probe von der Schreibweise des Raselius in dieser Chronik habe ich oben S. 9 ff. gegeben.

5. Johannes Jonas (getauft) 26 Mai 159...,
6. Johannes Thomas „ 19. April 1596,
7. Wolfgang „ 25 Oktober 1589.[*])
8. Barbara, aus ist jedoch nicht, wie die vorgenannten, in Regensburg, sondern in Heidelberg geboren, also um Jahre 1600 oder 1601[**])

Das Familienleben scheint nach den wenigen Andeutungen, die sich darüber auffinden lassen, ein glückliches gewesen zu sein. Jedenfalls war die Erziehung der Kinder im Hause des Raselius eine streng religiöse; denn so wie er selbst seine ganze Lebenszeit hindurch ein überzeugungstreuer Anhänger des lutherischen Bekenntnisses war, hielt er auch mit aller Sorgfalt auf gleich feste Gläubigkeit seiner Kinder[***])

Bei aller Treue in seinem religiösen Bekenntnisse erwies sich aber Raselius niemals unduldsam oder belästigend gegen Andersdenkende. Im Gegenteil heben Matthesus u. a. ausdrücklich hervor, dass er sich „wegen seiner guten Aufführung" und „seiner tolerirten Gesinnung" bei den Katholiken ebenso wie bei den Protestanten allgemeiner Achtung und Beliebtheit erfreut habe. In welch hoher Gunst er besonders beim Rate von Regensburg stand, lässt sich aus verschiedenen Stellen seiner Schriften ersehen. Nur eine dieser Äusserungen sei hier angeführt, die in seiner „Chronik" (bei Gelegenheit der oben mitgeteilten Beschreibung des Gymnasium poeticum) zu lesen ist.

„Anno 1592 baute E. E. Rath mir und meines Studir zum Besten das untere Lokament, eine hübsche hohe weite Stube und zwei Kammern am Eck gegen die Mitte und dem Burgers Haus über,[†]) welchen Bau ich billig nicht verschweigen soll, dieweil ich durch solches nicht allein bin bewogen worden, andere herrühmende Vocationes und Gelegenheiten auszuschlagen und bei meinen hohen und gnädigen Herren zu Regensburg zu bleiben, sondern auch dieweil meine musikalische Werklein, so im Druck ausgegangen, sowohl als

---

[*]) Matrikel der Neuen Pfarr in Regensburg.

[**]) Drei von diesen Kindern, nämlich Tobias, Wolfgang und Wolfgang, starben noch zu Lebzeiten des Vaters, die letzteren vermutlich in Heidelberg.

[***]) Christoph Raselius' „Deutscher Funebralbrief" bei Stark l. c. — Übrigens unterschrieb er 1580 die „Formula Concordiae".

[†]) Diese neu hergestellten Räume befanden sich also im südlichen Flügel des Gymnasialgebäudes, gegenüber der jetzigen Domsingstubenkirche, zu ebener Erde, die dem Kantor leider zugewiesen, von einer Stuben bestehende Wohnung, die er übrigens auch für die Folge behalten, war im Erdgeschoss des westlichen Flügels gelegen. (Kleesattler, 15 (35, S 94.)

diese gegenwärtige Arbeit (d i die „Chronik"), in solchen Zimmern geschrieben an das Welt geboren, und an Tag kommen sind "")

Wie hätten die Regensburger ihn aber auch nicht schätzen sollen, der während einer außerhauptlangen Wirksamkeit in ihrer Stadt so viel für die gethan? Es möchte ja in der That beinahe unbegreiflich erscheinen, daß ein Mann, dessen Kraft durch die vielen Berufsgeschäfte als Lehrer und Kantor ohnedies übergenug in Anspruch genommen war, noch zu so mannigfachen außerordentlichen Leistungen Zeit finden konnte. Dazu gehörten wahrhaftig nicht nur ungewöhnlich glückliche Anlagen und ein — fast möchte ich sagen universeller Genie, sondern auch ein eiserner Fleiß, eine Emsigkeit, die mit der Minute geizt. Und darum war es gewiß keine Übertreibung, wenn Zeppelin in seinem vorhin angeführten Programm ihm den folgenden warmen Nachruf widmete:

„Nomina, Rauch, tua quero quo laudibus ornem,
Haud eris. Rudcha, quaequod cervenret aulas
Hortum, Mufica te furlis raueru nitubui
Flus tua profuit eru arte monumenta veleeio
Selbstio mentibur hafieti, gloria quaerum
Et dorus d femmen paperd fibi, quaeque proveniet "")

## VII. Heidelberg. Tod.

Die hohen Vorzüge des Raselius, sein vortrefflicher Charakter, seine ungewöhnlichen wissenschaftlichen Kenntnisse, sein außerordentlicher Ruf als Meister"") hatten bereits mehrfache Angebote von auswärts veranlaßt, die den hochebenbürtigen Regensburger Magister bewegen sollten, seinen Posten mit einem anderen, besseren zu vertauschen. Raselius selbst redet ja in der eben vorhin angezogenen Stelle ausdrücklich davon. Er konnte sich aber nicht entschließen, die ihm so lieb gewordene Brodstadt zu verlassen. Da erging von Seite des Kurfürsten Friedrich IV. von der Pfalz der Ruf an ihn, wieder in die kurpfälzischen Lande zurückzukehren. Der üppige Fürst, selbst ein großer Liebhaber der Musik, wollte nämlich in dem ungewöhnlich reichen Hofleben, das er sich geschaffen, auch die Tonkunst durch eine tüchtige Kraft vertreten wissen. Und jetzt überwog

") Vergl Geigel. Modernes Gymnasio Poeten

"") Vergl Motmeister, Mannigvach der Stadt Regensburg S 216

""") Schrüling. Rengetegahle S 443 f

bei unserem Meister die Liebe zum engern Vaterlande und die Anhänglichkeit an den Ort, wo er seine höhere wissenschaftliche und künstlerische Bildung empfangen, schhalten doch die Neigung für Regensburg — und er trat im Jahre 1600 seine Stellung als kurfürstlicher Hofkapellmeister in Heidelberg an.

Leider fehlt uns über seine Thätigkeit während dieser letzten Lebensperiode jedwede Nachricht. Nicht ein einziges Aktenstück über seine Berufung, seine Gehaltsbezüge o. dergl. ist aufzufinden.[*] Ebenso wenig lässt sich über Kompositionen aus dieser Zeit sagen, obwohl Schilling[**] eigens hervorhebt, dass Reschan in Heidelberg „stets mit musikalischen Kompositionen und mit Schriftstellerei in seinem Fache beschäftigt" war.

Übrigens sollte Reschan den ehrenvollen Posten nicht lange bekleiden. Schon am 6 Januar 1602 starb er in einem Alter von kaum vierzig Jahren unter Hinterlassung seiner Gattin, die inzwischen — wahrscheinlich infolge einer schweren Krankheit — „kranksinnig und blöden Verstandes" geworden war, und fünf noch nicht erwachsener Kinder.[***] Seine letzte Ruhestätte fand er in Heidelberg; aber kein Leichenstein, keine Gedenktafel erinnert mehr an ihn — über den Stürmen der Zeit ist auch das Grab des Mannes verschollen, der groß zu nennen ist als Mensch, groß als Gelehrter und Lehrer, groß als Musiker und Schriftsteller.

## VIII. Die ferneren Schicksale der Familie.

Die Familie des Verstorbenen blieb im Jahr in Heidelberg und wurde dann „auf ihrer bekommenen rath und gutachten" nach Regensburg zurückgebracht, woselbst es am 30 Juli 1602 durch M Thomas Fuchs, Evangelischer Kirchendiener (d. h Prediger) zu Regensburg, der eine Schwester des Reschan zur Frau hatte, und der Apotheker

---

[*] Die erheblichen Verheerungen Heidelbergs durch die Kriegshorden Ludwig XIV in den Jahren 1689 und 1693 haben ja auch die dortigen Archive und Büchereien betroffen, die dort betreffen und was aus den Stürmen jener Jahre gerettet worden konnte, bietet — soweit wenigstens der Verfasser erfahren konnte — für unsere Zwecke brauchbare Material.

[**] l c

[***] Verlassenschafts-Rechnung von 1604. — Wo Fétis, Bernsdorf und nach ihnen die „Allgemeine Deutsche Biographie" ihre kommen, die Todesjahr des Reschan 1614 anzugeben, ist mir in vorigen erfindlich, als es in sämtlichen älteren hier in Betracht kommenden Werken ausdrücklich heisst, dass er „bald nach seiner (1600 erfolgten) Ansiedlung in Heidelberg gestorben sei."

2. *Georgius Secundus* (d. i. der zweitälteste Sohn) Raselius wandte sich dem Militärdienste zu. Der am 30. November 1610 zu Regensburg aufgenommene Ehevertrag zwischen ihm und der „Jungfrau Anna Maria Strobl, des weiland Dr. Hansen Strohle Bürger und spitalhalt hinterlassener Tochter" nennt ihn „der Zeit getreuen in hiesiger Statt Quardie." Am 10. März 1621 wurde er als Bürger der Stadt Regensburg aufgenommen gegen Entrichtung von 6 fl. „Bürgergeld." [*] Eine Rechnung aus demselben Jahre bezeichnet ihn mit dem Titel „Trommelter"; 1622 war er bereits Vice-Wachtmeister [**] und um 1625 brachte er ein Haus in der Stadt käuflich an sich. Zu Anfang des Jahres 1655 starb seine Gemahlin [***] und schon nach zwei Jahren, am 21. Oktober 1657[†] folgte er ihr im Tode, wie es scheint, mit Hinterlassung eines einzigen Sohnes Hans Georg

3. *Johannes Jonas Raselius* war schon in früher Jugend bei dem Schneider Hannß Kreutter (oder Kreut) in Regensburg als Lehrling untergebracht worden, erhielt 1613 den Freispruch und ging dann auf die Wanderschaft. Er scheint sich indes bei seinem Handwerk nicht wohl befunden zu haben, denn schon im Jahre 1618 finden wir ihn als „*famulus Casimerianus*" an der Universität Heidelberg gratis immatrikuliert [††] Später entschied er sich gleich seinem Bruder Georg für die militärische Laufbahn [†††] und ohne Zweifel ist er es, auf den sich jene Bemerkung in einer handschriftlichen Aufzeichnung Schnagrafs bezieht, die aus den „Kriegsacta, so lang Herzog Bernhard von Weimar die Stadt Regensburg vom 4. (14.) Nov. ao. 1633 bis 16. (26.) Juli 1634 ingehabt" — entnommen ist. Sie lautet:

„VI. Dem Raub nachzusehen, wird er sich dem *Grimajor* präsentirt, daß er sich bei dem Hrn Wachtmeister anstelle, und ihm adjungirt seyn soll wegen der Toruporung u. s. Verrichtungen, wie

---

[*] Bürgerbuch der Stadt Regensburg

[**] Schuldurkunde seines Bruders Johann Thomas vom 1. Sept. 1629

[***] Inventarisierungs-Urkunde vom 16. Februar 1655

[†] Bürgerbuch der Stadt Regensburg

[††] Toepke, Matrikel, II 265 — Das Casimerianum befand sich zu Neustadt a. d. Hardt. Es war von Pfalzgraf Johann Kasimir 1578 als calvinische Hochschule gegründet, durch die einige Jahre später erfolgte Neugründung der Universität zu Heidelberg aber als Hochschule überflüssig geworden und bestand seitdem als „Gymnasium illustre" noch lange fort. (Matrikel II, S. 135 ff. und 160)

[†††] Matthaeus l. c

man ihm dann häufig ein Bataillon machen kann. Hr *Grünmajer* (*Landjäger*) hat ihn selbst dem vorgeschlagen. d. d. Dec. 1633."
Über seine ferneren Lebensschicksale ist nichts bekannt.[*]

4. *Johannes Thomas Rasilius* besuchte von 1610 bis 1615 das Gymnasium poeticum seiner Vaterstadt und fand 1616 Aufnahme im Alumneum. Im Jahre 1618 wandte er sich an "Verwalter und Schösser Hans Erhard Vormundschaft" mit einem Bittgesuche, um an die Universität Jena gehen und "... tomolorore" zu dürfen.[*] Dieser Bitte scheint man aber an der zuständigen Stelle keine Folge gegeben zu haben, denn die Vormundschaftsrechnung von 1617 bis 1621 deutet auf eine Reise des Johannes Thomas nach Ulm und Linz hin, die er offenbar zu dem Zwecke unternahm, irgendwo eine Stelle als Kantor oder dergleichen zu finden. Er hatte nämlich während seiner Studienzeit auch im Kontrapunkte sowie in der Instrumentalmusik Unterricht erhalten und in letzterer den Organist Tobias Wipscher zum Lehrer gehabt. Thatsächlich begegnet er uns 1621 als Kantor zu Wasenkirchen (Walzenkirchen, jetzt Wörenkirchen) in Oberösterreich, wo er bis 1622 blieb. Am 1. September 1623 kam er in gleicher Eigenschaft nach Vöcklapruck (Vöcklabruck), einer gleichfalls in Oberösterreich gelegenen Stadt. Aber schon zwei Monate später, am 1. November 1623, starb er daselbst an der Wassersucht. In dem Inventar der von ihm hinterlassenen Bücher werden mehrere theologische, philosophische und humanistische Werke genannt; an musikalischen finden sich vor: "Sechs Teutsche Partes, seines Herrn Vettern Rasilij seligen Composition, in Roth Pergament";

---

[*] In einer anderen handschriftlichen Aufzeichnung berichtet Schwegrel von einem Knabe, den er 1641 gekauft habe, nämlich "..." Der Teutschen Schärflinunge kinger Sprach Straßburg 1620." 
[*] Dann steht mit roter Tinte geschrieben:

"Ich Jonas Rasilius in ppa

Glaub in Gott
Hoffnung zur Gott
gaut gnediges darbey
Macht mich aller augen frey.
Regensburg d. 29 August AD 1631"

[*] Er beklagt sich in diesem Bittgesuche über den Charakter und Lehrer der zweiten Klasse, Johann Walkerus, der es ihm bitter habe entgelten lassen, dass sein Vater, der Kantor Rasilius, ihn "gestrenge gestraft und entsetzt" habe, desgleichen über ungebührliche Behandlung im Alumneum seitens des Inspektors Ritter und namentlich des Kantors Pauli Homberger.

Mehr Drey Hanßmannische Partes, in Weissen Pergament;
Mehr Johannes Brassbergs, Oeeaera an Laus, Toblachs Partes.

5 Von *Barbara*, der einzigen überlebenden Tochter Rasel's, und
deren Leben ist so viel wie nichts bekannt. Ein Schreiben des
Georgius Secundus Raselius an das Vormundamt (1628) besagt, dass
sie bereits länger als 20 Jahre auswärts aufhalte und dass man
trotz oftmaliger sorgfältiger Nachforschung bisher nicht habe erfahren
können, ob sie noch am Leben oder gestorben sei

---

# Anhang.

## Die zwei Einführungs-Gedichte der Göttinger Handschrift.
### (Zu S. 36)

#### a) Empfehlungs-Gedicht von M. Chr. Donner.

*In acroamata artis musaeaq Raselianae.*

Omnium divinis concentibus ars fidesque,
  Numero reflectunt pectus ad obsequium.
Quid magis laetificum templis, populoque decorum.
  Unanimes JOVAE quam canere harmonias!
Gratae fundere, collaudare, rogare, docere,
  Solari! nisi callidit hoc carmen
Igne suo esse sternat sic sensibus ardor,
  Et pro mente menus concipit aetherios.
PATRIE, concentus talis RASELIUS aptat
  Venter, ab ingenio natus et harmonium;
Quo cum, cumque chero plebs cunus canebat canare
  Symphonias quam vestibus egregius
Miratur nostra haud raraster id hospes in urbe,
  Atque redox gestit manus id esse uno
Fortque RATISPONENSI-RASELIO-MELPOMENAEUM.
  Quod templis Tono profluat ubique plus.
Artificum designat opus, voce 800 capite. ILLUM
  Dilagate, urbe utraque eminet IMBRIPOLIS
                    M. Christophorus Donaverus Ratisponensis,
                    Emite Patriae Minister.  P. L.[*)]

---

[*)] Die Unterschrift ist vom Dichter eigenhändig beigefügt. P. L. = Poeta
Laureatus

Herr Wolff Perger werd Rathsfreund gut,
  Caspar Hafer auch wisten that.
Gleiche Ampts aus Süß vad rechter Trew,
  Herr Andres Spenfelder dabey
Sampt Herrn Christoff Messengers
  Verwalten Georgen Almosen mit ehrn,
Ihn ankommen von Gmoner Statt,
  Mit gewesenhafter Trew vad Rath
Herr Matthes Brenner aufrichtig,
  Sprachkunstig, klug, dem glimpflich
Herr Johann Nicius Flataaber,
  Vom welverdienten Vettern her.
Herr Christoff Buchner Tugend vol,
  Paulus Messenger gleich so wol,
Beede der Meite grosse Freundt.
  Mit denen in Amtspfleg verehrt,
Herr Elias der Eppenger,
  Der da Alt Gerhabeen handtgen,
Bardt, Furnichtig, Welgelehrt,
  Johann Frexbel auch er gnehrt.
GOTT negn, erhalt nelch Regiment
  Vad mehr so denen an dem Raht,
Den Erbarn Rath vnd Gmoner Statt,
  Nächst Gulten im Synchent,
Den Obersten vnd Stattschreibern,
  Berufnen glerten Mann, wie kern,
Aaoh Bekhhfer Buhrln Ihm zuegeben,
  Gott frex abgenonten allen 's lohn.
Ihr, vnnd vnser genadig wolt,
  Sem feuer vnd Gerhatett hey vns holt,
Edo wer für estnen Angnecht,
  Versamblet, was Er hegt Gericht.
Mögen hören an Jeder frey,
  Was steedn Ampts, er Jetzt mmmer sei.
Nun hoem da man getrewer Knecht,
  Haut in g'engsten gebannet recht,
Will doch aun estnm vber mehr,
  Selot forthen denen meiner Ehr.
Gott, Gnug, Cron, Lohn, hae ewigelteh,
  Dess hilff vns bald gnedigeleth.

O Vater, Sohn, und Heylger Geist,
Amen  Wie rune dein Werk verhefft.

········

# Beilage.

---

## Domine ad adiuvandum me

### für sechsstimmigen Chor

—

### M. Andreas Reselius

Ambergensis.

Aus der alten Notation des Originals in die jetzt gebräuchliche übertragen

—

Joh. Auer.

*) Im Original steht hier c.